काठगोदाम की गर्मियां -2

जब यादें पहाड़ों से भी गहरी हो गई...

लेखक: धीरेन्द्र सिंह बिष्ट

notionpress.com
INDIA · SINGAPORE · MALAYSIA

Self-Published | First Edition | 2025

यह पुस्तक समर्पित है —

उन सभी अनकहे जज़्बातों को,

जो शब्द बनने के लिए वर्षों तक मेरे भीतर ठहरे रहे।

उन लम्हों को,

जो चुपचाप बीते, पर दिल में हमेशा के लिए रह गए।

और

उन पाठकों को,

जो सिर्फ किताबें नहीं पढ़ते —

बल्कि उन पंक्तियों के बीच छुपे सन्नाटों को भी महसूस करते हैं।

– धीरेन्द्र सिंह बिष्ट 'धीर'

विषय-सूची

प्रस्तावना

प्रस्तावना

प्रस्तावना

जब आप किसी पहाड़ी शहर की शांत दोपहर में बैठे हों, जहाँ दूर कहीं किसी बच्चे की हँसी की हल्की-सी गूंज सुनाई दे, और हवा में पुराने रेडियो की धीमी धुन हो — तो वहीं कहीं "काठगोदाम की गर्मियाँ" बसती हैं।

यह पुस्तक एक कविता संग्रह है — पर शायद इससे कहीं अधिक भी। यह स्मृतियों की गंध है, रिश्तों की ऊष्मा है, और उन भावों का दस्तावेज़ है जिन्हें हम महसूस तो करते हैं, मगर कह नहीं पाते।

धीरेन्द्र सिंह बिष्ट 'धीर' की कविताओं में एक अलग ही आत्मीयता है। उनकी लेखनी पाठक से बात नहीं करती — बल्कि पाठक **बातों में खुद को सुनता है**।

हर कविता किसी भूले-बिसरे मौसम की तरह आती है — कभी प्रेम की छांव लिए, तो कभी वियोग की तीखी धूप। इन पंक्तियों में आपको नायक या नायिका नहीं मिलेंगे — बल्कि आप खुद को पाएँगे।

"काठगोदाम की गर्मियाँ" का हर पृष्ठ किसी पुरानी चिट्ठी की तरह है — जिसमें स्याही थोड़ी धुंधली है, पर जज़्बात अब भी बिल्कुल ताज़ा हैं।

लेखक ने जिन कविताओं को शामिल किया है, उनमें से कई प्रेम पर हैं, पर वो प्रेम जो सादगी में खिलता है, और खामोशी में टूटता है। कुछ कविताएँ आत्म-संवाद हैं, जहाँ पाठक को लगेगा कि यह सिर्फ धीर की कहानी नहीं, बल्कि उसकी अपनी भी है।

इस संग्रह में आपको **पहाड़ों की हवाओं की खामोशी**, **भीमताल की झील का ठहराव**, और **हल्द्वानी की गलियों की गूँज** हर कविता के पीछे महसूस होगी।

यह पुस्तक आधुनिक कविता के शोर से हटकर, एक सादे संवाद की तरह है — जहाँ हर शब्द **दिखने से ज़्यादा महसूस किया जाता है।**

धीरेन्द्र की यह विशेषता रही है कि वे **सीधे दिल से लिखते हैं**, और इसलिए पाठक के दिल तक पहुँचते हैं। वे भावनाओं को पिरोते नहीं —बल्कि उन्हें पिघलने देते हैं।

यह संग्रह उनके साहित्यिक सफर में एक और सुंदर पड़ाव है, जहाँ उनके भीतर के कवि ने न सिर्फ प्रेम और पीड़ा को छुआ है,

बल्कि **मौन, अकेलापन और आत्म-खोज** को भी शब्दों का चेहरा दिया है।

यदि आप कभी खुद से बातें करते हैं, तो यक़ीन मानिए —इस किताब की कई पंक्तियाँ आपकी अपनी सी लगेंगी।

तो आइए — इन कविताओं के माध्यम से उन गर्मियों को फिर से जीते हैं — जो शायद बीत गईं थीं, लेकिन ख़त्म कभी नहीं हुईं।

– धीरेंद्र सिंह बिष्ट

भूमिका

कुछ कहानियाँ कभी पूरी नहीं होतीं — वो बस किसी खामोश मोड़ पर रुक जाती हैं, और फिर हमारे भीतर कविता बनकर रह जाती हैं।

"काठगोदाम की गर्मियाँ – कविता संग्रह" भी ऐसी ही अधूरी कहानियों की गर्माहट है। यह किताब उन एहसासों से जन्मी है जो न बोले जा सके,
उन लम्हों से बनी है जो जीते तो गए... पर कभी कहे नहीं गए।

काठगोदाम, भीमताल, हल्द्वानी —ये सिर्फ जगहें नहीं रहीं मेरे लिए, ये वो मनःस्थितियाँ बन गई हैं जहाँ मेरी कविताएँ जन्म लेती हैं। यह पुस्तक उन्हीं अनुभवों का संग्रह है, जो किसी दोपहर की धूप में पिघले,
या किसी झील की चुप्पी में गूँजे।

मैंने इन कविताओं को किसी योजना के तहत नहीं लिखा। ये शब्द तब आए जब कोई ग़म चुपचाप आ बैठा, या कोई मुस्कान दिल के किसी पुराने कोने में लौट आई। हर कविता में कोई चेहरा छिपा है — कभी मेरा, कभी आपका।

इस संग्रह की कुछ कविताएँ प्रेम पर हैं —पर वो प्रेम जो अनकहा है। कुछ अकेलेपन पर —पर वो अकेलापन जो भीड़ के बीच भी होता है। कुछ कविताएँ आत्म-प्रश्न हैं —और कुछ, बस मन की वो बातें जो अक्सर दिल तक ही रह जाती हैं।

यह किताब मेरे लिए सिर्फ पन्नों की गिनती नहीं है, बल्कि हर कविता एक साँस है —जो किसी पल में थमी, किसी भाव में बही। मैंने उन्हें समेटा नहीं, बस उन्हें आने दिया — जैसे वे आए।

पाठकों से मेरी यही उम्मीद है कि वे इन कविताओं को पढ़ें नहीं, **महसूस करें**। शब्दों के बीच जो खामोशी है, वहीं असली अर्थ छिपा है।

अगर इस किताब का कोई शब्द, कोई लकीर आपके किसी पुराने एहसास को जगा सके — तो समझिए, **यह गर्मी सिर्फ मेरी नहीं रही... आपकी भी हो गई।**

– धीरेन्द्र सिंह बिष्ट 'धीर'

आभार

हर शब्द जो आपने इस किताब में पढ़ा, कभी मेरे भीतर किसी चुप्पी से निकला था। और आज, जब वो शब्द आपके हाथों में किताब बनकर है, तो सबसे पहले मैं सिर झुकाकर उन **भावनाओं, लम्हों और खामोशियों** को धन्यवाद देता हूँ जिन्होंने मुझे लिखने का साहस दिया।

"काठगोदाम की गर्मियाँ – कविता संग्रह" कोई योजनाबद्ध रचना नहीं थी। ये कविताएँ मेरे जीवन के उन कोनों से आई हैं, जहाँ अक्सर लोग नहीं जाते — पर यादें हमेशा रहती हैं।

मैं उन **पहाड़ों, गलियों और झीलों** को धन्यवाद देना चाहता हूँ जिन्होंने मेरे शब्दों को गहराई दी — काठगोदाम की दोपहर, भीमताल की शाम, और हल्द्वानी की सुबहें मेरे हर एहसास में शामिल रहीं।

मेरे **पाठकों** का आभार, जो मेरी पहली किताब से लेकर आज तक मेरे साथ खड़े रहे। आपने न सिर्फ मेरे शब्दों को पढ़ा — बल्कि उन्हें जिया, महसूस किया, और कई बार मुझसे बेहतर समझा। मेरे **परिवार** का विशेष धन्यवाद —जिन्होंने कभी ये नहीं पूछा कि "कविता लिखने से क्या मिलेगा", बल्कि हमेशा यही कहा —

"जो दिल कहे, वो लिखो।" आपकी चुप सहमति मेरे लिए सबसे बड़ी प्रेरणा रही।

उन **मित्रों और आलोचकों** का भी आभार, जिन्होंने मेरी पंक्तियों को बिना भूमिका के पढ़ा, गलतियाँ निकालीं, भाव समझे, और कभी-कभी बस चुपचाप मुस्कुरा दिए।

मैं आभारी हूँ उन सभी अनजानों का भी, जिनसे कभी रास्तों में मिला, किसी की बात, किसी की नज़रों की भाषा, या किसी चेहरे की थकान, कभी-कभी वही मेरी कविता बन गई।और अंत में, **आप**,जो इस किताब के अंतिम पृष्ठ तक आए हैं —आप मेरे सबसे बड़े पाठक नहीं, **मेरे हमसफ़र** हैं।

अगर इस किताब ने आपको एक पल के लिए भी ठहरने पर मजबूर किया,तो समझिए — आपने मुझे एक लेखक से कवि बना दिया।

धन्यवाद।

– धीरेन्द्र सिंह बिष्ट 'धीर'

प्रस्तावना / परिचय

(काठगोदाम की गर्मियाँ – कविता संग्रह)

कुछ जगहें सिर्फ नक्शों में होती हैं, और कुछ — हमारे अंदर। **काठगोदाम** मेरे लिए एक जगह नहीं, एक एहसास है। एक ऐसी गर्मी की दोपहर, जो बीत तो जाती है, लेकिन फिर बरसों तक मन के किसी कोने में ज्यों की त्यों पड़ी रहती है।

यह संग्रह उसी दोपहर की स्मृतियों का दस्तावेज़ है — जहाँ पहाड़ों की ठंडी हवा भी दिल में एक गर्माहट छोड़ जाती है। जहाँ शब्द सिर्फ कविता नहीं बनते, बल्कि किसी अधूरे संवाद की भरपाई करते हैं।

"काठगोदाम की गर्मियाँ" में संकलित ये कविताएँ कभी किसी प्रेम के पहले एहसास पर ठहरती हैं, तो कभी बिछड़ने के बाद की चुप्पी में खो जाती हैं। इनमें रिश्तों की वो परछाइयाँ हैं, जो कभी दूरियों में उगती हैं और कभी खामोशी में निखरती हैं।

लेखन मेरे लिए एक प्रक्रिया नहीं, बल्कि एक आत्मिक अनुभव रहा है। हर कविता इस संग्रह में उस पल की है जब कोई भावना पनपी, कोई याद चुभी, या कोई शब्द खुद-ब-खुद उभर आया।

यह किताब उन पाठकों के लिए है, जो सिर्फ पढ़ना नहीं चाहते — बल्कि महसूस करना चाहते हैं। जो शब्दों से बाहर जाकर भावनाओं में ठहरना जानते हैं।

कविता संग्रहों का कोई तय प्रारूप नहीं होता — यह किताब भी वैसी ही है। यहाँ न कोई "कविता क्रम" है, न कोई अध्याय-बद्ध विषय। यह संग्रह दिल की डायरी जैसा है —जहाँ हर पन्ना किसी नए जज़्बात से खुलता है।

मैंने इसमें पहाड़ों की खुशबू भी रखी है, और शहरों की बेचैनी भी। छोटे शहरों के मोह भी हैं, और समय की थकन भी।

अगर आपने कभी किसी गर्मी की छुट्टी में खुद को खोया हो, या किसी चाय की दुकान पर एक अनकहे रिश्ते को महसूस किया हो —तो यक़ीन मानिए,

यह किताब आपकी अपनी कहानी है।

– धीरेन्द्र सिंह बिष्ट 'धीर'

1. लिबास मोहब्बत का

ओढ़ लूँ लिबास तेरी मोहब्बत का,

आज तेरी पनाह में जीने को जी करता है।

तेरी ख़्वाहिश में डूबा मन,

अब रोज़ मुझ से ही उलझता है।

भूल जाऊँ अब खुद को,

ये दिल मुझसे तेरी बातें करता है।

थाम लूँ हर लम्हा — हर पल को मैं,

जो संग तेरे गुजरता है।

निखार लूँ खुद को आज मैं,

तेरे इश्क़ में बिखरने को जी करता है।

ओढ़ लूँ लिबास तेरी मोहब्बत का,

आज फिर से बस तुझमें ही सिमटने को जी करता है।

भावार्थ:

यह कविता मोहब्बत के समर्पण को दर्शाती है — जब कोई प्रेम इतना सच्चा हो कि इंसान खुद को खोकर भी नया रूप पाने को तैयार हो जाए। इसमें आत्म-समर्पण, चाहत और अपनेपन की तड़प झलकती है।

1. लिबास मोहब्बत का

2. पहली मुलाक़ात

सड़क पर तेज़ हवा थी,

पर उसकी नज़रें ठहरी हुई थीं।

न उसने कुछ माँगा,

न मैंने कुछ कहा।

पर उस पल, जब नजरें मिलीं —

जैसे पहाड़ों ने पहली बार दिल से पुकारा।

शब्दों के बिना नाम मिल गया,

और शहर की भीड़ में

एक रिश्ता सुकून बन गया।

भावार्थ:

यह कविता उस **पहली नज़र के एहसास** को समर्पित है जो अनकहा होकर भी सब कुछ कह देता है। जब दो अनजान लोग पहली बार मिलते हैं और बिना बोले भी एक **अदृश्य जुड़ाव** महसूस होता है — वही पल जीवन की सबसे **खूबसूरत शुरुआत** बन जाता है।

यह मुलाकात सिर्फ आंखों से नहीं, **रूह से होती है**। कविता में पहाड़ों की शांति, हवा की नमी, और मन की बेचैनी — सब एक साथ बहते हैं। यह वही क्षण है जब **दिल समझ जाता है**, कि सामने वाला अजनबी नहीं, शायद दिल का ही एक हिस्सा है।

2. पहली मुलाक़ात

3. आज दिल में

सब कुछ खोकर भी
एक अजीब सी ख़ुशी है आज दिल में।
हासिल कर लिया खुद को भीड़ से,
फिर भी ये कैसी तलाश है आज दिल में?

ज़िंदगी साथ चल रही है,
फिर क्यों हमसफ़र नहीं बन पाते?
राही और मंज़िल तो एक हैं,
फिर क्यों रास्ते कभी एक नहीं हो पाते?

अजीब सिला है इन दूरियों का,
जो दिलों में मोहब्बत बयान कर जाती हैं।
अगर नज़दीकियाँ चंद लम्हों की ख़ुशी देती हैं,
तो फासलों में इतनी कमियाँ क्यों नज़र आती हैं?

भावार्थ:

यह रचना दूरी और करीबियों के बीच की उलझन को उजागर करती है। कभी ज़िंदगी साथ चलती है लेकिन रिश्तों में अकेलापन होता है — यह कविता उसी मानसिक द्वंद्व को बयां करती है।

3. आज दिल में

4. मैग्गी प्वाइंट की शाम

बेंच पर बैठी वो लड़की,

और उसके पास पहाड़ों की चुप्पी।

एक कप चाय,

कुछ सुलगते सवाल,

और एक अजनबी लड़का —

जिसकी मुस्कुराहट में दिल की कहानी थी।

शहर के शोर से दूर,

इस छोटी-सी जगह ने

दो दिलों को

धीरे-धीरे जोड़ दिया।

भावार्थ:

यह कविता उन **छोटे पलों की बड़ी ख़ुशबू** है — जब कोई अजनबी, पहाड़ की चाय, और एक शांत सी जगह मिलकर **मन में एक सुकून की लकीर** खींच देते हैं।

मैग्गी प्वाइंट सिर्फ एक स्थान नहीं, बल्कि वह **भावनात्मक स्पेस** है जहाँ रिश्ते बिना कहे बनते हैं। कनिका और रोहन जैसे दो लोग, जिनके जीवन एक-दूसरे से बिल्कुल अलग हैं, उस बेंच पर एक लय में आ बैठते हैं — जहां चाय की भाप में **अनकही कहानियाँ**, और आँखों में **छुपी चाहतें** तैरती हैं।

यह कविता हमें याद दिलाती है कि कभी-कभी **सबसे खूबसूरत रिश्ता** वहीं से शुरू होता है, जहाँ **बातें कम और मौन ज़्यादा बोलता है।**

4. मैग्गी प्वाइंट की शाम

5. नक़ाब मोहब्बत का

खामोश हूँ आज,

फिर ये मन में इतना शोर कैसा?

तन्हाई मेरी सच्ची साथी है,

फिर भी इस भीड़ में दोस्ती का होड़ कैसा?

अगर दर्द ही ज़िंदगी है,

तो दिल को ज़ख़्मों से हमदर्दी का भाव कैसा?

अजीब हैं लोग इस भीड़ में,

खुद ही ज़ख़्म देते हैं — फिर खुद ही हाल पूछते हैं।

नक़ाब मोहब्बत का पहनकर,

दिलों का रुख़ अक्सर नफ़रत की ओर मोड़ लेते हैं...

और फिर कहते हैं —

"रिश्तों में सच्चाई नहीं रही।"

भावार्थ:

इस कविता में आज के समय की रिश्तों की सच्चाई दिखाई गई है — जहाँ लोग प्रेम का मुखौटा पहनकर दिलों को चोट देते हैं। यह प्रेम की आड़ में छिपी नफ़रत और दिखावे की दुनिया पर करारा कटाक्ष है।

5. नक़ाब मोहब्बत का

6. ना बदल ये सोच कर ऐ ज़िंदगी

ना बदल ये सोच कर ऐ ज़िंदगी,

कि मैंने खुद से हँसना सीख लिया है।

ना बदल ये सोच कर,

कि अब मैंने मुश्किलों में जीना सीख लिया है।

ना बदल राहें ये समझकर,

कि मंज़िल के लिए भटकना मंज़ूर कर लिया है।

ना सोच कि बदलाव ही अब ज़िंदगी है —

मैंने बस सहना सीख लिया है।

ना निराश कर, ऐ ज़िंदगी,

कि तुझमें बिखरकर मैंने अब निखरना सीख लिया है।

भावार्थ:

यह कविता एक प्रेरणादायक संवाद है — ज़िंदगी से। यह बताती है कि

कठिनाइयों को अपनाकर इंसान जब खुद में बदलाव करता है, तो ज़िंदगी को भी खुद को बदलने की ज़रूरत नहीं रह जाती।

6. ना बदल ये सोच कर ऐ ज़िंदगी

7. जीने के मायने मिल गए

कभी रास्ते बदले,

कभी राही बदल गए।

छोटे से एक दौर में ही

जीने के कई मायने मिल गए।

वक़्त, जो मेरा होकर भी

मुझसे दूर होता है,

मोहब्बत में ही सही —

अब अपना ही मुझसे रूठता है।

चाहत आज भी वही है,

पर तन्हाई भरे इस दौर ने

दिलों के जज़्बात —

धीरे-धीरे बदल दिए।

भावार्थ:

यह कविता बदलते समय, रिश्तों और अनुभवों से उभरते जीवन के नए अर्थों को दर्शाती है। तन्हाई, मोहब्बत, और खोये अपनेपन के बीच, जीने के मायने फिर भी मिल ही जाते हैं।

7. जीने के मायने मिल गए

11. अगर ज़िंदगी को जीने वाला सही हो

गुज़र-बसर तो हो ही जाती है,

अगर ज़िंदगी को जीने वाला सही हो।

थम जाती हैं मुश्किलें अक्सर,

अगर कोशिश करने वाला कोई हो।

भटकती राहें भी मंज़िल तक पहुँचा देती हैं,

गर राह में साथ चलने वाला मुसाफ़िर हो।

तन्हाई भी भीड़ में बदल जाती है,

अगर खुद से मोहब्बत करने वाला कोई हो।

कभी-कभी हार भी जीत का परचम लहराती है,

अगर दोनों में फर्क समझने वाला सही हो।

गुज़र-बसर तो हो ही जाती है,

अगर ज़िंदगी को जीने वाला सही हो।

भावार्थ:

यह कविता आत्मबल, सकारात्मकता और आत्म-प्रेम की शक्ति को दर्शाती है। जब इंसान खुद को सही दिशा दे पाता है, तो ज़िंदगी की हर मुश्किल रास्ता बन जाती है।

12. ज़िंदगी भीड़ में

ज़िंदगी भीड़ में ही सही,

अक्सर ज़िक्र सपनों का ज़हन में आता है।

फ़िक्र आज की हो या आने वाले कल की,

हर पल में ज़िंदगी का ढंग बदल जाता है।

कुछ खुद से दूर रह लो,

या मुश्किलों के करीब चलो,

सब्र का हुनर

ज़िंदगी को नज़दीकियों तक ले आता है।

सफलता सौ सालों में ही सही,

ग़म उम्र ढलने का

एक दिन मन से उतर ही जाता है।

ज़िंदगी भीड़ में ही सही,

फिर भी सपनों की दस्तक देती रहती है।

भावार्थ:

यह कविता जीवन की व्यस्तता और भटकाव के बीच **मन के सपनों, धैर्य और समय की सीख** को दर्शाती है। भीड़ में खोया हुआ इंसान जब भी रुकता है — उसे अपना कोई सपना, कोई चाह, फिर से जीने का कारण दे देता है। यह कविता उम्मीद, आत्म-संवाद, और धैर्य की एक शांत पर शक्तिशाली पुकार है।

13. कोरा कागज़ – ज़िंदगी का

कुछ कोरे हैं अभी कागज़ ज़िंदगी के,

कुछ में लिख डाली है ज़िंदगी ने शायरी।

कुछ कोरे हैं अभी कागज़ मन के,

कुछ में मोहब्बत ने लिख डाली है शायरी।

कुछ लम्हें बीते हैं... तुम बिन मेरे,

और कुछ पन्नों पर तन्हाइयों ने

अपनी चुप्पी से लिख दी है शायरी।

भावार्थ / अर्थ:

यह कविता ज़िंदगी को **एक अधूरी किताब** की तरह देखती है — जहाँ कुछ पन्ने सपनों से भरे होते हैं, कुछ मोहब्बत से, कुछ खाली होते हैं — और कुछ पर **तन्हाई की स्याही** उतर चुकी होती है।

यह वही मनःस्थिति है जहाँ कनिका और रोहन भी हैं — हर कोई अपने-अपने पन्नों पर कुछ लिख रहा है, कुछ **कह चुका**, और कुछ **कह नहीं पाया...**

13. कोरा कागज़ – ज़िंदगी का

14. दस्तूर ज़िंदगी का

तजुर्बे बदले मैंने,

तो संग ज़िंदगी के हालात भी बदल गए।

जिन्हें नाज़ समझते रहे उम्र भर,

वही आज ज़िंदगी का डर बन गए।

जो सपना आँखों में दस्तक देता रहा,

वो कुछ लम्हों में ही सिमट गया।

हार कर ही सही,

मगर मैंने ज़िंदगी को पूरी तरह जिया।

ना कभी किस्मत से शिकायत की,

ना वक्त से कोई शिकवा रहा।

मैं तो ग़म और ख़ुशियों को

ज़िंदगी का दस्तूर ही मानता रहा।

क्या सोचकर कीमत वसूली ज़माने ने?

मैं तो बस लोगों को अपना मानकर

मोहब्बत अदा करता रहा।

भावार्थ:

यह कविता एक ऐसे व्यक्ति की आत्मा की आवाज़ है जिसने ज़िंदगी को बिना शिकायत, **पूरा जीया है** — हर रिश्ते, हर ग़लती, हर दर्द को सीख मानकर अपनाया है।

14. दस्तूर ज़िंदगी का

15. एक झलक

भिगो लेती हैं, खुद को ये आँखें,

अक्सर यादों को दिल के करीब आता देख कर...

खो जाना चाहती हैं ये आँखें,

उसकी आँखों में —

खुद की एक झलक पाकर...

भावार्थ:

यह कविता **नज़रों और यादों की मोहब्बत** पर लिखी गई है। जब कोई प्रेमभरा रिश्ता केवल मौजूद नहीं रहता, बल्कि आँखों की नमी और यादों की परछाई में भी ज़िंदा होता है — तो इंसान बार-बार उसी एक "झलक" में **अपना पूरा संसार** ढूँढ़ने लगता है।

यह वही अहसास है जो कनिका और रोहन की चुप्पियों में बसा था — जहाँ शब्द नहीं थे, पर **नज़रें सब कह जाती थीं**।

16. शाम की हवा

वो शाम कुछ अलग थी —

ना गर्मी थी, ना सर्दी,

बस हवा थी — नर्म, सच्ची।

उसने कहा,

"ये जगह जादू जैसी है।"

मैं मुस्कुराया —

"तुम भी।"

वो कुछ नहीं बोली,

पर उसकी आँखों ने

उस पहली तारीफ को

ज़िंदगी भर की हँसी में बदल दिया।

भावार्थ:

यह कविता **पहली तारीफ, पहला इशारा और पहली मुस्कान** की वो ख़ामोश जादू है जो सिर्फ पहाड़ों में नहीं, **दिलों के मौसम** में भी बहती है।

यह वही पल है जहाँ नज़रों की चुप्पी ज़ुबान की सबसे प्यारी बात बन जाती है। ठीक वैसे ही जैसे "कनिका और रोहन" की बातचीत अक्सर शब्दों से ज़्यादा, **नज़रों और मौन में बसती थी।**

17. बढ़ने दो बातें आज

बढ़ने दो बातें आज,

सुर्ख़ियों में अब रहने को जी सा करता है।

रूठने दो ज़माने को आज,

सिर्फ़ खुद का हो जाने को आज जी करता है...!!

भावार्थ:

यह कविता **आत्म-स्वीकृति और साहसिक अभिव्यक्ति** की बात करती है। जब इंसान समाज की उम्मीदों, रिश्तों की उलझनों और दूसरों के विचारों से परे होकर, बस एक बार **खुद को चुनना चाहता है**।

यह वही भाव है जो अक्सर कनिका के भीतर उमड़ता है — जहाँ वो रुकती है, लड़ती है, लेकिन अंततः खुद से जुड़ती है।

18. मेरा किरदार हर रोज़ नया

ज़िंदगी वही है,

पर मेरा किरदार हर रोज़ नया होता है।

कभी तन्हाई की परछाइयों में,

तो कभी भीड़ की चुप्पियों में

तलाशता हूँ खुद को।

कभी मुस्कान की ओट में दर्द छुपता है,

तो कभी खामोशी के पीछे एक उम्मीद पलती है।

हर सुबह एक नई कहानी,

हर रात एक नया सवाल —

ज़िंदगी वही है...

पर मैं रोज़ बदल जाता हूँ।

भावार्थः

यह कविता **आत्म-परिवर्तन और पहचान की तलाश** का आईना है। ज़िंदगी जब बाहरी रूप से नहीं बदलती, तब हम अंदर ही अंदर बदलते हैं — हर दिन एक नया किरदार निभाते हुए, कभी खुद से, कभी दुनिया से छुपते हुए।यह वही यात्रा है जो **कनिका, रोहन और अंकित** जैसे पात्रों के भीतर चलती रहती है —जहाँ प्रेम, असमंजस और अकेलेपन में हर दिन एक नया 'मैं' जन्म लेता है।

18. मेरा किरदार हर रोज़ नया

19. शायद पाने का हुनर आ जाए

कभी खुद को खोकर तो देखो,

शायद पाने का हुनर आ जाए...!!

मुश्किलों को ज़रा करीब से देखो,

शायद ज़िंदगी आसान हो जाए...!!

कभी मुट्ठी बाँध कर भी देखो,

शायद तक़दीर का दरवाज़ा खुल जाए...!!

भीड़ में खुद का हौसला बन कर चलो,

शायद भीड़ आपका हौसला बन जाए...!!

ज़मीन में लकीर खींच कर तो देखो,

शायद आसमान का क़द छोटा पड़ जाए...!!

कभी खुद को खोकर तो देखो,

शायद पाने का हुनर आ जाए...!!

भावार्थ:

यह कविता जीवन में **आत्म-समर्पण, साहस और चुनौती के स्वागत** की प्रेरणा देती है। जब इंसान डरता नहीं, टूटने से डरता नहीं — तब उसमें **असंभव को संभव करने का हुनर** जागता है। यह कविता बताती है कि **हार या खोना**, दरअसल **नई शुरुआत की कुंजी** हो सकती है।

"काठगोदाम की गर्मियाँ" में भी जब कनिका और रोहन खुद से हारते हैं, तभी वे एक-दूसरे को **असली रूप में पाना शुरू करते हैं।**

20. मन में शोर कैसा

खामोश हूँ आज,

फिर ये मन में शोर कैसा?

कुछ था चंद लम्हों में,

आज में उसका ये असर कैसा?

कुछ जुड़ा था अतीत मुझसे,

कुछ में आज से...

ज़िंदगी महज़ एक ज़रिया है,

फिर जीने में ये फर्क कैसा?

खामोश हूँ आज,

फिर ये मन में शोर कैसा?

भावार्थ:

यह कविता **मौन के भीतर चलती उथल-पुथल** को उजागर करती है। जब अतीत और वर्तमान के बीच भावनाएँ उलझती हैं —तो इंसान बाहर से शांत पर अंदर से **बेचैन, बिखरा और जिंदा** होता है।

"काठगोदाम की गर्मियाँ" में यह स्थिति कनिका या रोहन जैसे पात्रों में बार-बार आती है, जहाँ शब्द नहीं होते, पर **मन में बहुत कुछ चल रहा होता है**।

यह कविता उस **अलिखे संघर्ष** की आवाज़ है — जो हर संवेदनशील मन के भीतर पलता है।

20. मन में शोर कैसा

21. प्यार ज़िंदगी सँवार देता है

नफ़रत भले ही किसी का

ज़्यादा कुछ न बिगाड़ पाए,

पर प्यार...

अक्सर लोगों की ज़िंदगी सँवार देता है।

नफ़रत वक़्त जला देती है,

पर प्यार... उम्र भर की ठंडक दे जाता है।

ज़हर से ज़्यादा तल्ख़ होती हैं दूरी की बातें,

पर एक सच्चा आलिंगन —

सब टूटनों को जोड़ देता है।

बोल कम हो सकते हैं,

पर एहसास अगर सच्चा हो,

तो वो **एक "मैं हूँ न"** —

किसी की पूरी दुनिया बदल देता है।

भावार्थ:

यह कविता प्रेम की **हीलिंग शक्ति** पर आधारित है। नफ़रत तबाही ला सकती है —पर सच्चा प्रेम इंसान की **टूटी आत्मा, उलझे रिश्ते और खोई उम्मीदों** को जोड़ सकता है।

“काठगोदाम की गर्मियाँ” में भी यही भाव बार-बार उभरता है — जहाँ मोहब्बत किसी को **बचाती है, बदलती है, और संवार देती है।**

21. प्यार ज़िंदगी सँवार देता है

22. दिल मोहब्बत को दर्द कहता है

खुद प्यार में है —

ये दिल आज मुझसे कहता है...

पर जाने क्यों,

जब भी समझता हूँ मोहब्बत को,

तो दिल इसे सिर्फ़ **दर्द** कहता है।

हर धड़कन में बसी है एक चाहत,

पर उसके पीछे छुपा है कोई साया...

जिसे पकड़ना चाहूँ —

तो वो और दूर चला जाता है।

शायद यही है मोहब्बत की तासीर —

जो दिल को भी

उसका मतलब समझा नहीं पाई।

भावार्थः

यह कविता दिल और मोहब्बत के उस संबंध की बात करती है जहाँ **इश्क़ महसूस होता है**, पर उसकी परिभाषा में **दर्द शामिल होता चला जाता है**।

यह वही अनुभव है जो कभी रोहन को होता है, जब मोहब्बत है, पर जवाब नहीं...और कभी कनिका को भी — जब इश्क़ होता है, पर हालात उसका साया छीन लेते हैं।

यह कविता दिल की वो उलझन है —जिसे हम सब महसूस करते हैं, पर शायद ही कभी बोल पाते हैं।

23. नज़दीकियाँ खुद से

रूठा हूँ आज फिर खुद ही से,

जब आया फुर्सत में करीब अपने...

अजीब ख्वाहिशें उमड़ने लगी हैं मन में,

कुछ सवाल हैं — कुछ खामोशियाँ...

मैं खुद में नज़दीकियाँ तय करना चाहता हूँ,

पर ये भावनाएँ ही अब

मुझे खुद से दूर ले जाने की बात करती हैं।

भीड़ में अपने होने का भ्रम था,

अब अकेले में खुद से मिलने की हिम्मत नहीं...

भावार्थ:

यह कविता **स्व-चिंतन, आत्म-रिश्ते और भावनात्मक दूरी** पर केंद्रित है। जब हम बाहर की दुनिया से थक जाते हैं और **भीतर झाँकते हैं**, तब पता चलता है कि सबसे बड़ी दूरी तो **हमारे और हमारे भीतर के 'मैं'** के बीच है।

"काठगोदाम की गर्मियाँ" में भी यह संघर्ष बार-बार सामने आता है — जहाँ पात्र दूसरों से नहीं, सबसे पहले **खुद से जूझते हैं।**

यह कविता उसी **भीतर की यात्रा** का दस्तावेज़ है।

23. नज़दीकियाँ खुद से

24. ये चाहत भी अजीब है

ये चाहत भी अजीब है...

अब मुझे, मुझ ही से दूर करने लगी है।

खामोरवा समझने लगा हूँ —

आजकल भीड़ को अपना।

जहाँ सुकून चाहिए था,

वहीं शोर में तसल्ली खोज रहा हूँ।

कभी-कभी खुद की परछाईं से भी

गुफ़्तगू करने को जी चाहता है।

ये चाहत भी अजीब है...

जो मुझे मुझसे ही चुराने लगी है।

भावार्थ:

यह कविता अपने आप से टूटते जुड़ते रिश्ते की गहराई को दिखाती है। जब मोहब्बत इंसान को **इतना बदल देती है** कि वो खुद की पहचान तक भूल जाता है —भीड़ में खुद को ढूँढ़ना, और भीड़ को ही अपनापन समझना —यह वही **अजीब चाहत** है जो धीरे-धीरे खुद से दूरी बना देती है।

कनिका और रोहन के संबंधों में यह अहसास बार-बार आता है — जहाँ चाहत होती है, मगर वही चाहत खामोशी, खोने और खुद से जूझने का कारण बन जाती है।

24. ये चाहत भी अजीब है

25. दूरियाँ एहसास बयान कर जाते हैं

प्यार कितना है तुमसे —

शायद ये शब्दों में कभी कह न पाऊँ...

पर जब तुम पास नहीं होते,

तो हर चीज़ तुम्हारी याद दिला जाती है।

अक्सर नज़दीकियाँ जो न कह सकीं,

वो दूरियाँ बड़ी आसानी से बयान कर जाती हैं...

ख़ामोशियाँ जो साथ थीं,

अब वो तन्हाई में गूंजने लगी हैं।

शायद यही है मोहब्बत —

जो कहकर नहीं, बिछड़कर ज़्यादा महसूस होती है।

भावार्थ:

यह कविता उन प्रेम-रिश्तों की बात करती है जहाँ दूरी, मौन और अधूरी बातें कभी-कभी सबसे गहरा एहसास बन जाती हैं।

जब पास रहकर भी दिल नहीं खुलता, तो दूरी अक्सर असली सच्चाई सामने ले आती है।

यह वही भाव है जो "काठगोदाम की गर्मियाँ" में कई बार कनिका और रोहन के बीच आता है —जहाँ जज़्बात पास हैं, पर ज़ुबानें चुप हैं।

25. दूरियाँ एहसास बयान कर जाते हैं

26. मोहब्बत जीने का ज़रिया है

क्यों एहसास कम हैं आज,

अल्फ़ाज़ ज़्यादा हैं...

हर कोई कह रहा है कुछ,

पर समझना कोई नहीं चाहता।

मोहब्बत —

वो तो बस जीने का एक ज़रिया थी,

फिर भी आज दिलों में

नफ़रत का रुख ज़्यादा है।

रिश्ते अब वाक्य बन गए हैं,

एहसास अब इमोजी में बदल गए हैं...

दिलों में जुड़ाव की जगह

शक, दूरी और शोर ज़्यादा है।

भावार्थ:

यह कविता **समय के साथ प्रेम की बदलती परिभाषा** पर प्रश्न उठाती है। जहाँ पहले मोहब्बत सुकून देती थी, अब वह **दिखावे और उलझन** बन गई है। अहसासों की गहराई कम हो गई है, और शब्दों की सतह बढ़ गई है।

यह ठीक वैसा ही है जैसे काठगोदाम की गर्मियाँ में कई बार **प्रेम है,** लेकिन **इजहार खो जाता है**।

26. मोहब्बत जीने का ज़रिया है

27. फ़ुर्सत की मुलाक़ातें

फ़ुर्सत की मुलाक़ातें अब रातों से होने लगी हैं...

दिन तो बस ख़्वाहिशों के पीछे निकल जाता है।

रौशनी में जो भी देखता हूँ,

वो शायद ज़रूरतों का मुखौटा है।

रात जब हर आवाज़ थमती है,

तब मन अपना असली चेहरा दिखाता है।

ख्वाबों की चुप गली में

मैं खुद से अक्सर मिल आता हूँ —

जहाँ न कोई मंज़िल होती है,

न कोई शोर...

बस थोड़ी सी फ़ुर्सत,

थोड़ी सी सच्चाई।

भावार्थः

यह कविता उस सच्चाई को उज़ागर करती है कि दिन भर हम समाज, ज़रूरतों और ज़िम्मेदारियों के पीछे भागते रहते हैं, पर असली मुलाक़ात तो रात की तन्हाई में खुद से होती है।

यही मुलाक़ातें होती हैं जो इंसान को ज़िंदा रखती हैं —उसके ख्वाबों, थकावट और सवालों के बीच थोड़ी सी राहत बनकर।

27. फ़ुर्सत की मुलाक़ातें

28. अरदास मोहब्बत की

मैं खुदा से अरदास मोहब्बत की करता रहा,

हर सजदे में तेरे नाम का जिक्र करता रहा।

दिल को सुकून मिले बस इस दुआ में था,

पर जवाब में नफरत ने हमें मोहब्बत से मांग लिया।

वो चाहते थे हम टूटें —

हमने चाहा बस जुड़ना...

पर इबादत भी अब सौदों में तोली जाती है।

भावार्थ:

यह कविता उस समय की है जब दिल मोहब्बत मांगता है, पर दुनिया उसे नफरत में तौल देती है। जब इंसान सबसे पवित्र रूप से प्यार की तलाश करता है, तो कई बार उसे ही सबसे ज़्यादा तोड़ दिया जाता है।

यह "काठगोदाम की गर्मियाँ" के उन हिस्सों से मेल खाती है

जहाँ रिश्ते की मासूमियत को समाज की अपेक्षाओं, परंपराओं और भ्रमों ने छीन लिया।

28. अरदास मोहब्बत की

29. मुझसे नज़रें हटाओ मत

मुझसे नज़रें हटाओ मत,

क्योंकि हर बार नज़रें चुराने से,

इंसान जज़्बात नहीं चुरा सकता।

चुराओगे क्या — "धीर" की वो तन्हा शामें,

या वो खामोशियाँ जो खुद ही शोर बन जाती हैं?

हुनर है हमें —

सन्नाटों को भी साज़ बना लेने का,

यादों की राख से नयी रोशनी उगाने का,

और तन्हाई को हमसफ़र बना कर

उसे भी मोहब्बत की तरह जी लेने का।

"धीर", खो जाओ अब ख़ुद में यूँ कि

किसी के आने और जाने का मलाल न रहे।

ज़िंदगी अब एक साज़ है —

हर धुन में एक नया जीने का बहाना रख।

भावार्थ:

यह कविता **एक परिपक्व आत्मा की घोषणा** है —जो अब ना किसी से डरती है, ना शिकायत करती है, और ना ही अपने अकेलेपन को कमजोरी मानती है।

यह रचना उस मोड़ की प्रतीक है जहाँ **धीर जैसे रचनाकार** अपनी तन्हाई को एक **कलात्मक आत्मबल** में बदल देते हैं।

29. मुझसे नज़रें हटाओ मत

30. प्यार था चंद लम्हों का...

प्यार था चंद लम्हों का,

या लम्हों में ही कहीं खो गए हम...

कभी तुम थकती नहीं थीं बातों में डूब कर,

हर सुबह पूछती थीं — "कैसे हो?"

हर शाम कहती थीं — "थक गए होंगे ना?"

अब वही लम्हे हैं,

लेकिन बात करने वाला कोई नहीं।

वक़्त चलता रहा,

हम वहीं रुक गए — जहाँ तुमने हाल पूछा था।

वहीं ठहर गए हम —

ढूँढते रहते हैं उन्हीं लम्हों को,

जहाँ आंखों में सवाल थे,

और होंठों पर चिंता।

अब मन की खामोशी,

शोर करने लगी है अंदर ही अंदर...

जैसे भीड़ में खड़ा हूँ —

पर तन्हाई मुझे हर ओर से घूर रही है।

कभी तुम्हारी आवाज़ सुकून हुआ करती थी,

आज तुम्हारी ख़ामोशी शोर बन गई है।

और हम...

अब भी रुके हैं,

एक "कैसे हो?" की तलाश में।

30. प्यार था चंद लम्हों का...

भावार्थः

यह कविता उस अधूरे प्रेम का चित्र है जहाँ **सवाल अधूरे रह गए**, और जवाब कभी मिले ही नहीं। यह सिर्फ़ बिछड़ने की बात नहीं — यह उस **ठहरे हुए इंतज़ार** की अनुभूति है, जहाँ कोई आगे नहीं बढ़ता क्योंकि दिल आज भी उसी जगह ठहरा है जहाँ कोई पूछता था — "कैसे हो?" यह कनिका और रोहन जैसे पात्रों की **अंदरूनी यात्रा** को भी दर्शाती है —जहाँ प्रेम समाप्त नहीं होता, वह बस **एक "अनकहा संवाद" बनकर रह जाता है।**

31. प्रेम अब भाव नहीं रहा...

प्रेम की बातें करने वाला,

हर बार प्रेमी नहीं होता...

कभी उसकी ज़ुबां में मिठास होती है,

तो दिल में जलन की राख जमी होती है।

एक नज़र... दिखावे के गुलाब सी,

दूसरी... ईर्ष्या की काँटों सी चुभती।

क्यों इंसान बाहर से सहयोग दिखाए,

और भीतर अपने ही शब्दों को नकार जाए?

क्या प्रेम अब बस शब्दों का सौदा है?

या इंसान सच में खुद से ही अनजाना है?

क्यों हम सोचते हैं सीमाओं में,

जब भावनाएँ सीमाहीन हैं?

शायद...

प्रेम अब भाव नहीं,

स्थिति बन गया है।

जहाँ हम निभाते हैं...

पर महसूस नहीं करते।

भावार्थ:

यह कविता प्रेम के नाम पर होने वाले **दिखावे, आडंबर और खोखले व्यवहार** पर सवाल उठाती है। यह एक **भीतर-बाहर के संघर्ष** की आवाज़ है, जहाँ रिश्ते निभाए जाते हैं, पर महसूस नहीं किए जाते।

यह प्रश्न है, क्या प्रेम अब एक **दर्ज किया गया कर्तव्य** रह गया है? या एक **मौन निभाव** जिसकी गहराई अब हम खो चुके हैं?

"काठगोदाम की गर्मियाँ" के पात्रों की तरह, हम भी कभी-कभी प्रेम में होते हुए भी, **प्रेम को महसूस करना भूल जाते हैं।**

32. आज तुम नहीं, मैं पढ़ने आया...

आज तुम नहीं, मैं पढ़ने आया,

ना शायर हम, ना शायरी लिखने आया।

बस यूँ ही किताबें पलटीं,

तो तेरी यादों की पंक्तियाँ मिल गईं।

ना इरादा था कोई किस्सा कहने का,

ना दिल में कोई बात ठहराने की कोशिश की।

कलम तो बस यूँ ही उठी थी,

जैसे तेरे बिना भी कुछ कहना बाकी हो।

पर तुम नहीं थे,

इसलिए शब्द भी अधूरे लगते रहे।

कागज़ समझ गया मेरी चुप्पी,

स्याही ने भी बहाना बना लिया।

और मैं...

मैं बस पढ़ने आया था आज —

तुम्हें नहीं,

पर फिर भी हर पन्ने में

तुम ही मिलते रहे।

भावार्थ / अर्थ:

यह कविता **यादों की नज़ाकत और उनकी अनजाने में हुई वापसी** की अनुभूति है। जब हम किसी ओर उद्देश्य से किताब उठाते हैं, लेकिन हर शब्द में **उस व्यक्ति की झलक** मिलती है —जो अब सामने नहीं है, पर हर पन्ने, हर कोने में ज़िंदा है।

यह कविता उस प्रेम की बात करती है जो **स्मृतियों में लिखा रह जाता है**, जिसे न हम पढ़ते हैं, न लिखते हैं — फिर भी वो **हर जगह महसूस होता है।**

यह वही भावभूमि है जो कनिका और रोहन की चुप्पियों में छिपी हुई है।

32. आज तुम नहीं, मैं पढ़ने आया...

33. तेरी याद आएगी...

तू कहती थी — “तेरी याद आएगी”

कमबख़्त ये दौर ऐसा है,

बस दिलों में बेरुख़ी लाएगी।

वो हँसी जो तेरे लबों पे थी,

अब ख़्वाबों में भी नहीं आती,

तेरे बिना ये शामें भी,

जैसे अपनी साँसें गिनवाती।

तेरे ख़तों की ख़ुशबू थी,

अब मोबाइल में सब सूना है,

वो एहसास जो छू जाता था,

अब हर लफ़्ज़ में एक तन्हा जूनून है।

दूरियाँ बस दूरी नहीं होती,

ये तो रिश्तों की अग्निपरीक्षा है,

पर तेरी ख़ामोशी ने बता दिया,

शायद मोहब्बत ही फ़िज़ूल की सीख है।

तू कहती थी — "तेरी याद आएगी"

पर अब तो याद भी सहमी सी लगती है,

दूर रहकर न जाने क्यों,

हर बात अधूरी सी लगती है।

भावार्थ:

यह कविता बिछड़ने के बाद की उस **भावनात्मक सच्चाई** की तस्वीर है, जहाँ मोहब्बत की गहराई तो है, पर जवाब में **ख़ामोशी और दूरी** रह गई है।

यह सवाल करती है, क्या वाकई वो याद आएगी...या याद भी **रिश्तों की तरह डरने लगी है**?

33. तेरी याद आएगी...

यह कनिका और रोहन की ही तरह उन दो दिलों की कहानी है जो करीब होकर भी, समय के साथ **मौन और दूरी में गुम हो गए।**

34. हसरतें कई हैं आज मन में...

हसरतें कई हैं आज मन में,

पर तुमसे बढ़कर कोई नहीं...

जी लूँ ज़िंदगी निहार के तुझको,

तेरे ख़्वाब से बढ़कर कोई नहीं...

सँवार लूँ खुद को तेरे एहसास से,

तेरे जज़्बात से बढ़कर कोई नहीं...

बीते हुए वो लम्हे संग तेरे,

उन लम्हों में अब वो बात नहीं...

हसरतें कई हैं आज मन में,

पर तुमसे बढ़कर कोई नहीं।

भावार्थ / अर्थ:

यह कविता बताती है कि प्रेम में जब कोई प्रियतम जीवन का केंद्र बन जाता है, तो फिर बाकी सारी इच्छाएँ मामूली लगने लगती हैं। हर ख्वाहिश, हर सपना उसी एक चेहरे, उसी एक एहसास में सिमट आता है।

यह वही भावना है जो कनिका और रोहन के रिश्ते में गहराई से महसूस की जा सकती है —जहाँ अतीत के लम्हे भले फीके हों, पर प्रेम आज भी सबसे **मजबूत और सबसे बड़ा सच** है।

35. आईना मेरी मोहब्बत का

सँवार लेते हैं अब खुद को तुम्हें देखकर,

तुम आईना मेरी मोहब्बत का हो...

खुद से ही इश्क़ करने लगे हैं,

तुम आईना मेरी इबादत का हो...

खोकर खुद को तुझमें तलाशने लगे हैं,

तुम आईना मेरी चाहत का हो...

आँखें ख़्वाब सजाती हैं हर पल तुम्हें निहारकर,

तुम आईना मेरी रूह का हो...

तेरे सपने दिल को बहार से लगते हैं,

तुम आईना मेरी मोहब्बत का हो।

भावार्थ / अर्थ:

यह कविता **प्रेम और आत्म-प्रतिबिंब** का सुंदर मेल है। जब हम किसी को इतना चाहने लगते हैं कि उसमें अपना ही रूप, अपनी ही रूह देखने लगते हैं —तो वो सिर्फ़ मोहब्बत नहीं रहती, बल्कि **आईना** बन जाती है।

यह कविता बताती है कि सच्चा प्रेम हमें **बेहतर, खूबसूरत और आत्मिक** बना देता है। यह वही भाव है जो कनिका और रोहन के रिश्ते में छुपा था —जहाँ वे एक-दूसरे में खुद को देखने लगे थे।

36. तुम रहो अपनी ग़लतफ़हमियों के जाल में

तुम रहो अपनी ग़लतफ़हमियों के जाल में,

कि बिना तुम्हारे कोई आगे बढ़ ही नहीं पाएगा।

कुएँ की दीवारों में क़ैद उस मेंढक-सी सोच लिए,

रुक जाओ वहीं... ठहर जाओ वहीं।

क्योंकि वक़्त और ज़माना,

अपनी मेहनत और कोशिशों से

आसमान की ऊँचाइयों को छूना जानता है।

भावार्थ / अर्थ:

यह कविता **संकीर्ण सोच और आत्ममुग्धता** पर करारा व्यंग्य है। यह बताती है कि दुनिया किसी एक व्यक्ति पर नहीं रुकती —

जो खुद को अपरिहार्य मानता है, वह दरअसल कुएँ के मेंढक की तरह सीमाओं में बंधा होता है।

समाज और वक़्त आगे बढ़ते रहते हैं, क्योंकि असली ताकत मेहनत और निरंतर प्रयास में है, न कि किसी एक व्यक्ति की मौजूदगी में।

यह कविता पाठक को **आत्मविश्वास और स्वावलंबन** का गहरा संदेश देती है।

37. लम्हों का हिसाब

कुछ लम्हे ज़िन्दगी के जोड़कर,

कुछ अधूरे क़िस्से लिख रहा हूँ।

खो गया हूँ 'आज' में ऐसे,

जैसे अपना 'कल' लिख रहा हूँ।

मोहब्बत के सिलसिले अब कम,

नफ़रत के धागे ज़्यादा होने लगे हैं।

भीड़ के समंदर में डूबा हूँ मैं,

फिर भी तन्हाई के किनारे होने लगे हैं।

भावार्थ / अर्थ:

यह कविता ज़िंदगी की उस **द्वंद्वात्मक स्थिति** का चित्रण है जहाँ हम हर दिन जीते हुए भी, **अधूरी कहानियों के बोझ तले दबे रहते हैं**। आज की आपाधापी में मोहब्बत के रिश्ते फीके पड़ रहे हैं, और नफ़रत की गांठें मज़बूत होती जा रही हैं।

भीड़ में डूबा इंसान भी भीतर से अकेला है —और वही अकेलापन उसे बार-बार अपने अधूरे किस्सों और छूटे लम्हों की ओर खींच लाता है।

यह वही मनःस्थिति है जो कनिका और रोहन के रिश्ते में भी बार-बार दिखती है —बाहर भीड़, पर भीतर तन्हाई।

38. क्या बयान करूँ उस इश्क़ को मैं...

क्या बयान करूँ उस इश्क़ को मैं...

जो बस नफ़रत और मोहब्बत में

फर्क करती रह गई।

खुशनसीब तो मोहब्बत ही थी,

जिसे पलकों पर बिठाया गया,

पर नफ़रत ही थी,

जो बेवजह दगा कर गई।

कभी चाहा तो सांसों तक बसी थी वो,

कभी टूटा तो दिल तक से जुदा कर गई।

अजीब खेल है तक़दीर का —

मोहब्बत ने जिंदा रखा,

नफ़रत ने मार डाला...

और मैं दोनों के बीच,

बस अधूरा रह गया।

भावार्थ / अर्थ:

यह कविता मोहब्बत और नफ़रत के **विरोधाभास** को सामने लाती है। जहाँ प्रेम दिल को जीवन देता है, वहीं नफ़रत उसी प्रेम की जड़ें काट देती है। कवि यहाँ उस प्रेम का शोक मना रहा है, जो निभाया तो गया... लेकिन **समझा नहीं गया**।

यह वही मनोदशा है जहाँ रोहन और कनिका जैसे पात्र भी आते हैं — जहाँ दिल भरपूर मोहब्बत करता है, पर हालात, अहंकार या परिस्थितियाँ उसे नफ़रत और दगा में बदल देती हैं।

39. आस

ये कैसी आस है,

हर वक्त आँखों को किसी की तलाश है।

साँसों में बसी है उसकी ख़ुशबू,

पर दूरी फिर भी हर लम्हा उदास है।

भीड़ में रहकर भी तनहा हूँ मैं,

जैसे मन के आँगन में अब भी उसका वास है।

पलटता हूँ पन्ने ज़िंदगी के रोज़,

हर पन्ने पर वही अधूरी मुलाक़ात लिखी है।

ये कैसी आस है...

जिसे पूरा करने का हक़ वक्त ने छीना,

पर दिल अब भी उसी का इंतज़ार करता है।

भावार्थ / अर्थ:

यह कविता उस **अनकहे इंतज़ार और अधूरेपन** को दर्शाती है, जहाँ आँखें हर वक्त उसी को ढूँढती रहती हैं जो कभी पास था, पर अब **सिर्फ़ स्मृतियों में है।**

यह कनिका और रोहन की उस बेचैनी की तरह है, जहाँ दोनों जानते हैं कि फ़ासले हैं, पर दिल अब भी **आस के धागे से बँधा हुआ है।**

40. इश्क़ में सितम

इश्क़ में हर रोज़ नये सितम हैं,

कभी फासले ज़्यादा थे उनके दरमियाँ,

और आज नज़दीकियों में उनकी मोहब्बत गुम है।

कभी लफ़्ज़ ही चुप्पी को तोड़ देते थे,

आज चुप्पियाँ लफ़्ज़ों से भारी हैं।

वो वक़्त जो चाहत से धड़कता था,

आज यादों के बोझ तले कहीं दफ़्न है।

इश्क़ की राहों में,

ना दूरी सुकून देती है,

ना नज़दीकियाँ चैन देती हैं।

ये कैसा सफ़र है धीर,

जहाँ मोहब्बत साथ होकर भी अधूरी है...

भावार्थ / अर्थ:

यह कविता प्रेम की उन गुत्थियों को उजागर करती है, जहाँ न दूरी राहत देती है, न नज़दीकी संपूर्णता लाती है। पहले मिलन की चाह थी, अब मिलन के बाद भी **अधूरापन** रह गया।

यह कविता इस सच्चाई को रेखांकित करती है कि इश्क़ सिर्फ़ मिल जाने का नाम नहीं, बल्कि वह **सफ़र है जो कभी पूरा नहीं होता** —कभी चाहत में, कभी शिकायत में, और कभी यादों में।

41. अब तुम याद आओ

भूल गया हूँ खुद को,

अब तुम याद आओ।

ख़ामोशियों के सफ़र में,

तुम्हारी आवाज़ का साया बन जाओ।

खुश हूँ तन्हा राहों में,

पर मंज़िलें भी अधूरी लगती हैं,

बस तुम राही बन के आओ।

सपनों की थकान में,

नींदें अक्सर बिखर जाती हैं,

तुम कोई लोरी बनकर,

मेरे दिल को सुला जाओ।

भूल गया हूँ दर्द का हिसाब,

बस तुम मुस्कान बनकर आओ।

अब तुम याद आओ...

हर उस पल में जहाँ मैं,

खुद से भी रूठ जाता हूँ।

भावार्थ / अर्थ:

यह कविता **तन्हाई और स्मृतियों के संगम** का भाव है। कवि कहता है कि वह अब खुद को भूल चुका है, लेकिन उसी भूल में कहीं गहराई से वह प्रियतम की यादों को **सफ़र का साथी** बनाना चाहता है।

यह सिर्फ़ किसी को पुकारना नहीं है, बल्कि यह स्वीकार करना है कि —तन्हाई में भी अगर प्रेम की झलक मिल जाए, तो वह सफ़र भी रूहानी हो जाता है।

यह वही स्वर है जो "काठगोदाम की गर्मियाँ" के चरित्रों के अंतर्मन में बार-बार गूँजता है —जहाँ हर ठहराव पर यादें साथी बन जाती हैं।

42. मोहब्बत की ख़ुशियाँ

मोहब्बत की ख़ुशियाँ तो अब हार में है,

जीत तो ज़्यादा आज नफ़रत में होने लगी है।

कभी दिलों की तड़प ही सबूत हुआ करती थी,

अब शक की दीवारें ही रिश्तों का आईना बनती हैं।

मोहब्बत का मतलब था —

ख़ुद को भुलाकर दूसरे में जीना,

पर अब लोग बस अपनी परछाइयों में

दूसरों की रौशनी ढूँढते हैं।

कभी हारकर भी मोहब्बत जीत जाती थी,

अब जीत कर भी दिल खाली रह जाते हैं।

मोहब्बत की ख़ुशियाँ तो उसी में थीं —

जहाँ दिल हारता था,

पर इंसान एक-दूसरे को पा लेता था।

आज...

दिल तो हारते हैं, पर हाथ नहीं मिलते,

और जीत कर भी,

सब कुछ अधूरा रह जाता है।

भावार्थ / अर्थ:

यह कविता प्रेम और नफ़रत के बदलते समीकरणों पर एक **गहरा चिंतन** है।
जहाँ पहले प्रेम का अर्थ था **त्याग और आत्मीयता**, वहीं आज प्रेम एक **प्रतिस्पर्धा और अविश्वास** में बदल गया है।

धीर यहाँ यह कहते हैं कि असली मोहब्बत की ख़ुशियाँ हार में थीं — क्योंकि हारने का अर्थ था, **दिल जीत जाना**। लेकिन आज की दुनिया में

जीत भी ख़ाली है, क्योंकि उसमें सच्चाई, अपनापन और मोहब्बत की वो नमी नहीं रही।

42. मोहब्बत की ख़ुशियाँ

लेखक परिचय: धीरेन्द्र सिंह बिष्ट "धीर"

धीरेंद्र सिंह बिष्ट उन लेखकों में से हैं, जिनकी कलम केवल कहानियाँ नहीं कहती — वो ज़िंदगी के अनकहे हिस्सों को आवाज़ देती है। उनके शब्दों में पहाड़ों की सादगी है, कस्बों की ख़ामोशी है, और इंसानी रिश्तों की सच्चाई है।

उत्तराखंड की वादियों से निकलकर उन्होंने अपनी कहानियों में न केवल वहां की मिट्टी की खुशबू बसाई, बल्कि उन भावनाओं को भी संजोया जिन्हें अक्सर शब्द नहीं मिलते। उनकी लेखनी का केंद्र 'आम' लोग हैं — जो बोलते कम हैं, लेकिन महसूस बहुत करते हैं।

उनकी चर्चित पुस्तक **"काठगोदाम की गर्मियाँ"** एक ऐसा भावनात्मक संग्रह है, जिसमें हर कहानी किसी भूली-बिसरी गर्मी की दोपहर की तरह दिल में उतरती है। यह किताब सिर्फ समय बिताने के लिए नहीं है, यह उन लम्हों को पकड़ती है जो वक़्त के साथ पीछे छूट जाते हैं — और फिर भी हमारे भीतर ज़िंदा रहते हैं।

इसी श्रृंखला की एक प्रमुख कहानी **"भीमताल की खामोशी"** है, जो दोस्ती, प्रेम और चुप्पी की परतों को बेहद सादगी से खोलती है। इसमें रिश्तों की आवाज़ नहीं है, लेकिन हर पंक्ति एक गहरी सच्चाई को

उजागर करती है। इसमें हल्द्वानी और नैनीताल की सर्द झीलों के बीच मन की उथल-पुथल को महसूस किया जा सकता है।

धीरेंद्र की एक और प्रभावशाली पुस्तक **"फोकटिया"** उन अनसुने और अनदेखे किरदारों की कहानी है, जो समाज में 'गैरज़रूरी' समझे जाते हैं, लेकिन जिनकी सोच और खामोशी सबसे भारी होती है। फोकटिया एक ऐसा चरित्र है जो बाहर से हल्का दिखता है, लेकिन अंदर से ठोस जीवनदर्शन से भरा हुआ है। यह किताब उन लोगों को समर्पित है जो शोर में नहीं, बल्कि खामोशी में ज़िंदगी समझते हैं।

उनकी पहली प्रेरणात्मक पुस्तक **"मन की हार ज़िंदगी की जीत"** जीवन के संघर्षों और आत्मबल पर आधारित रही, जबकि **"अग्निपथ"** में उन्होंने युवाओं और समाज के बीच पुल बनाने वाली आवाज़ दी। उनकी कहानियाँ पाठक को झकझोरती नहीं, बल्कि धीरे-धीरे उनके भीतर उतरती हैं।

उनकी कविताओं का संग्रह **"काठगोदाम की गर्मियाँ – कविता संस्करण"** एक ऐसा भावनात्मक कोष है, जिसमें प्रेम, अकेलापन, आत्मदर्शन और स्मृतियाँ सब एक साथ बहते हैं — जैसे पहाड़ों में कोई शीतल धारा।

लेखक परिचय: धीरेन्द्र सिंह बिष्ट "धीर"

धीरेंद्र की खास बात यह है कि वो अपने पात्रों को साधारण रखते हैं, लेकिन उनके अनुभव असाधारण होते हैं। उनकी लेखनी में प्रेम की मिठास है, वियोग की चुभन है, और आत्मा की गहराई है।

वे कहते हैं —**"मैं लिखता नहीं, बस वो सब सुनाता हूँ जो कभी किसी ने किसी से कहा नहीं।"**

उनकी किताबें न सिर्फ पढ़ी जाती हैं, बल्कि महसूस की जाती हैं। अगर आपने कभी ज़िंदगी के किसी मोड़ पर खुद से बात की है, तो यक़ीन मानिए — **धीर** की किताबों में आप खुद को ज़रूर पाएँगे।

उपसंहार काठगोदाम की गर्मियाँ – एक कविता यात्रा

जब यह सफर शुरू हुआ था, तब बस कुछ स्मृतियाँ थीं — काठगोदाम की गलियों में गूंजती एक हल्की-सी पुकार, भीमताल की ठहरी हुई झील में झाँकती एक चुप्पी, और उन गर्मियों की हल्की-सी खनक, जो हर बीते पल को धूप की तरह गुनगुना देती है।

"काठगोदाम की गर्मियाँ" कोई आम कविता संग्रह नहीं था। यह मेरी स्मृतियों, मन के कोनों, और उन तमाम अनकहे संवादों का संग्रह है, जिन्हें मैंने महसूस तो किया, पर कभी पूरी तरह कह नहीं पाया।

इन पन्नों में संजोई गई 40 से अधिक कविताएँ किसी एक मौसम या मनःस्थिति की देन नहीं हैं — बल्कि ये वे रचनाएँ हैं जो कभी पहाड़ी शामों की शांति में फूटीं, तो कभी किसी बिछड़ते लम्हे के दर्द से जन्मीं। कभी किसी सर्द हवा ने शब्द दिए, तो कभी किसी चाय की प्याली ने भाव...

यह पुस्तक उन पाठकों को समर्पित है जो किसी कविता में सिर्फ पंक्तियाँ नहीं, **अपना बीता हुआ वक्त ढूंढते हैं।**

कई बार लेखन एक पुल की तरह होता है —जो अतीत और वर्तमान को जोड़ता है, जो भीतर के डर और बाहर की उम्मीदों के बीच फैला होता है। इस पुस्तक की कविताएँ भी वही पुल हैं — जहाँ आप खुद को खोते हुए भी पा सकते हैं।

कभी ये कविताएँ एक प्रेम-पत्र सी लगेंगी, जो कभी भेजा नहीं गया... कभी ऐसा लगेगा जैसे ये शब्द उसी दोस्त ने कहे हैं जिससे आप बरसों नहीं मिले, लेकिन आज भी उसके कहे हुए वाक्य मन में गूंजते हैं।

कुछ कविताएँ अधूरी लगेंगी, पर ज़िंदगी की तरह अधूरी — जिसे पूरा करने का काम आपके भीतर की अनुभूतियाँ करेंगी।

मैंने इन कविताओं को किसी साहित्यिक ऊँचाई के लिए नहीं लिखा, बल्कि इसीलिए लिखा क्योंकि न लिखता तो शायद घुटता रहता। हर कविता मेरे लिए एक साँस है, एक छोटा सा पल — जो वक़्त के समंदर में खो जाने से पहले काग़ज़ पर उतर आया।

अगर किसी पाठक ने किसी कविता में खुद को देखा है, किसी शब्द में अपनी याद को पकड़ा है, या किसी पंक्ति में वो आंसू महसूस किया है

जो निकल नहीं पाया था — तो मान लीजिए, मेरी लेखनी ने अपनी मंज़िल पा ली।

मैं जानता हूँ कि ये संग्रह पूर्ण नहीं है, क्योंकि स्मृतियाँ कभी पूर्ण नहीं होतीं।
और कविता — वो तो केवल बहाव है। जिस दिन ये ठहर गई, उस दिन शायद हम कुछ महसूस करना भूल जाएंगे।

यह किताब मेरे लिए एक पड़ाव है — ना अंत, ना शिखर —बस एक पड़ाव, जहाँ आपसे मुलाकात हुई।

मैं धन्यवाद कहना चाहता हूँ उन सभी पाठकों को, जो मेरे शब्दों के सहयात्री बने। आपका प्रेम, आपकी चुप सहमति, आपकी मौन मुस्कान- यही इस पुस्तक की असली समीक्षा है।

अगर ये कविताएँ आपको कहीं भीतर छू गईं, तो ये सिर्फ मेरी जीत नहीं- हम दोनों की साझी यात्रा है।

और अगर कुछ कविताएँ अधूरी रह गईं... तो अगली गर्मियों में फिर मिलेंगे - शायद भीमताल के किनारे, या किसी किताब की पंक्तियों में...

"काठगोदाम की गर्मियाँ" अब समाप्त नहीं होती, यह तो बस **आपके भीतर शुरू होती है।**

आपका ही,

धीर (धीरेन्द्र सिंह बिष्ट)

www.ingramcontent.com/pod-product-compliance
Lightning Source LLC
LaVergne TN
LVHW101440200926
848483LV00001B/5